Fotografien mit Langzeitbelichtung für Anfänger

Wie Sie die Grundlagen des Fotografierens mit langen Belichtungszeiten leicht verstehen und im Handumdrehen atemberaubende Bilder machen

Matthias Busch

INHALT

Das erwartet Sie in diesem Ratgeber

In diesem Ratgeber können Sie nachlesen und erfahren, was es bedeutet, mit einer Langzeitbelichtung zu arbeiten, welche technischen Details wichtig sind und wie Sie die erklärten Dinge anschließend mit Freude anwenden können. Fotografie ist nicht, wie von manchen vielleicht vermutet, nur ein Motiv zu wählen, eine gute Kamera zu besitzen und den Auslöser zu drücken. Gerade im Zeitalter der Digitalisierung ist es ein Leichtes, auf ‚löschen' zu drücken und das Foto einfach erneut zu machen, wenn es etwas gibt, was nicht stimmig ist oder vielleicht der Ausschnitt nicht passt. Fotografie ist so viel mehr als das. Zugegeben, eine vernünftige Ausrüstung spielt eine Rolle, aber im Grunde ist Fotografie eine Summe aus vielen Aspekten. Zum einen braucht es Leidenschaft, Verständnis der Kameratechnik und das Wissen, welche Rolle die Lichtverhältnisse für die verschiedenen Motive, spielen.

Es gibt in der Fotografie viele Hilfsmittel, damit Sie Ihr Foto gestalten können. Um ein Foto interessant zu gestalten, gibt es meist drei wichtige Aspekte, wie die Aufnahme für den Betrachter besonders interessant wird: Den Vorder-, Mittel- und Hintergrund. Im Idealfall befinden sich in allen drei Ebenen, Motive, die das finale Bild, am Ende, spannend wirken lassen. Stilmittel sind hier unter anderem auch das Spiel mit Schärfe und Unschärfe, die mithilfe der im Ratgeber genannten technischen Einstellungen gezielt eingesetzt werden können. Zusätzlich spielen die verschiedenen Belichtungszeiten eine große Rolle bei der Gestaltung eines Fotos. Eine kurze Belichtungszeit, mit der Sie Motive ‚einfrieren‘ und detailgenau und scharf hervorheben können, und im

Umkehrschluss eine lange Belichtungszeit, mit der Sie sich bewegende Objekte kreativ darstellen können. Beispiele für lange Belichtungszeiten gibt es viele, wie Sie im gesamten Ratgeber erfahren werden. Von Lichtstreifen, den sogenannten Lightstreams, Wolken, die sich durch den Wind bewegen, oder aber auch Motiven, die Sie mit dem bloßen Auge nicht, sondern nur anhand von langen Belichtungszeiten hervorheben können.

Was bedeutet Langzeitbelichtung?

„Ich gebe dem Moment Dauer", sagte einst der mexikanische Fotograf Manuel Álvarez Bravo (1902–2002), der die Fotografie als eine Art Kunst sah, mit seiner Arbeit Preise gewann und ganze Ausstellungen füllte. Hierbei meint er mit dem Begriff ‚Dauer' nicht etwa die Zeit, in der er einen Moment festhielt, sondern dass man mit Momenten Erinnerungen schafft und sie an Bedeutung gewinnen. Die Suche nach einem Moment, dem man Bedeutung verleihen möchte, oder dem einen Schnappschuss, der verewigt werden soll, spielt allerdings bei der Langzeitbelichtung keine entscheidende Rolle. Bei dieser Art der Fotografie geht es um Augenblicke, die auf Sekunden und sogar auch auf Minuten ausgedehnt werden.

Beim Fotografieren mit Langzeitbelichtung bedarf es keiner komplizierten Vorbereitung, vielmehr geht es vor allem um die Wahl des Motivs und was man mit der Langzeitbelichtung hervorheben möchte. Langzeitbelichtung beschreibt die Zeit, wie lange man ein Motiv belichtet, wie lange der Verschluss der Kamera geöffnet ist und wie somit bestimmt wird, wie viel Licht auf den lichtempfindlichen Sensor fällt, der sich in der Kamera befindet. Bereits ab 1 Sekunde spricht man von einer Langzeitbelichtung. Dies ist eine kurze Langzeitbelichtung und hier ist noch sehr viel Spielraum nach oben, was die Länge der Belichtungszeit angeht.

Entweder möchte man länger belichten, weil die vorhandene Lichtmenge (Umgebungslicht) nicht ausreicht, oder man möchte es als Stilmittel verwenden. Sie können mit einer langen Belichtungszeit zum Beispiel Wolken verschwommen darstellen, bewegtes Wasser seidig glatt aussehen und Lichter zu leuchtenden Streifen werden lassen oder sogar Menschen, die sich zum Beispiel auf einem Marktplatz oder Ähnlichem befinden, ‚unsichtbar' machen, weil Sie sich, während die Belichtungszeit läuft, bewegen und aus dem Bild ‚rausgehen'. Dies sind alles Aspekte beim Fotografieren mit einer Langzeitbelichtung, mit denen Sie Ihrer Kreativität freien Lauf lassen können und die Ihnen in der Fotografie viele Möglichkeiten eröffnen.

Wie Sie es anwenden und worauf es ankommt, erfahren Sie im Lauf des Ratgebers. „Fotografieren kostet das Leben intensiv aus, jede hundertstel Sekunde", sagte einst der französische Fotograf Marc Riboud, der Mitglied einer der größten Fotoagenturen, Magnum Photos, war. Eine Fotoagentur, die 1947 von berühmten Fotografen in New York gegründet wurde und sich für die Rechte der Fotografen und deren Bilder einsetzte. Dieses Zitat zeigt, dass, Bezug nehmend auf die Langzeitbelichtung, bereits jede hundertstel Sekunde ein finales Bild verändern und somit gestalten kann. Bei der Wahl der Belichtungszeit ist es also entscheidend, wie Sie die Motive ‚in Szene' setzen möchten und dass Zeit eine ausschlaggebende Rolle spielt und bestimmt, wie Sie ausgewählte Motive gestalten möchten. Sie brauchen bei der Langzeitbelichtung also nicht nur Zeit, die Sie sich für ein Foto nehmen, sondern auch eine kreative Vorstellung dessen, was Sie wie sichtbar machen möchten und hier bietet das Fotografieren mit Langzeitbelichtungen eine Menge Optionen.

Die Geschichte des ersten Fotos und wie es entstand

Wussten Sie, dass das erste Foto eine Belichtungsdauer von 8 Stunden hatte? Das erste bekannte Foto der Welt wurde von Joseph Nicéphore Niépce im Jahre 1826 gemacht und zeigt den Ausblick aus seinem Büro. Es ist ein unscharfes Bild mit kaum erkennbaren Motiven und alles, was man sieht, ist ein Ausblick auf Dächer aus seinem damaligen

Arbeitszimmer. Damals gab es natürlich noch keine digitalen Möglichkeiten und das Foto entstand mit der bekannten Camera obscura, die eine chemische Substanz enthielt. Nur unter Lichteinwirkung erhärtete sich diese Substanz und wurde dann mithilfe von Lavendelöl entwickelt. Man benötigte also diese lange Belichtungszeit, um überhaupt ein Ergebnis zu erzielen. Niépce nannte diese Art der Fotografie Heliografie. Das Wort stammt aus dem Griechischen und bedeutet übersetzt ‚mit der Sonne zeichnen‘. Keine Sorge, dies bedeutet nicht, dass Sie nun nur ein gutes Bild mit Langzeitbelichtung erhalten, indem Sie 8 Stunden den Verschluss offenlassen. Die Fotografie hat sich seitdem immens weiterentwickelt und auch die Technik ist natürlich eine ganz andere.

Als Niépce starb, hat sich Louis Daguerre (1787–1851), ein französischer Maler und Erfinder, mit dem Niépce im Austausch stand, mit der Weiterentwicklung des chemischen Verfahrens der möglichen Fotografie auseinandergesetzt. Allein der Beginn von Niépces Arbeit führte somit zu einer Entwicklung der Fotografie und schließlich entstand so die Daguerreotypie, die 1939 dann marktreif wurde. Zu dieser Zeit entstand wiederum eines der ältesten und bekanntesten Bilder, auf dem erstmalig Menschen zu sehen waren, von Louis Daguerre. Die Perspektive zeigt, dass auch er ebenfalls, genau wie Niépce, aus dem Fenster heraus fotografiert hat, den sogenannten ‚Boulevard du Temple‘, der sich in der französischen Hauptstadt, Paris, befindet. Bei dieser Aufnahme ist es interessant zu wissen, dass der abgebildete Boulevard sonst überlaufen war mit Menschen, auf der Aufnahme jedoch menschenleer wirkt. Bis auf einen Schuhputzer im unteren linken Bildausschnitt, der für die Dauer der Aufnahme womöglich dort platziert worden war. Warum?

Weil die Aufnahme mit einer Langzeitbelichtung aufgenommen wurde. Aufgrund dessen ‚verschwinden‘ sich bewegende Menschen und Menschen, die sich während der Dauer der Belichtung nicht fortbewegen, sind auf der Aufnahme sichtbar. Dies ist der entscheidende Faktor, den ich bereits erwähnt habe und der das Stilmittel der Langzeitbelichtung ist und schon damals genutzt wurde. Was bereits erforscht wurde, hat sich nun durch andere namhafte Entwickler der Fotografie weiterentwickelt.

Dauerhaft durchgesetzt hat sich ein Negativ-Positiv-Verfahren vom Engländer William Henry Fox Talbot. Sie kennen dieses Verfahren aus der analogen Fotografie. Was sah man? Genau, das, was auf dem fertigen Bild schwarz war, war bei der Entwicklung der Bilder weiß, und das Weiße war schwarz. Wer kennt nicht die berühmte Dunkelkammer, mit rot untersetztem Licht, in das kein Tageslicht reinscheinen durfte? Entwickelte man die Negative, hingen sie am Ende an einem Band quer durch den Raum, und man wartete darauf, dass sie trockneten.

Im Grunde war die Fotografie auch ein Stück weit ein Überraschungsmoment, denn anders als in der heutigen Zeit, da man die Möglichkeit hat, auf einem Display zu sehen, was man da eben fotografiert hat, hat man damals erst am Ende sehen können, was und vor allem wie das Bild final aussah. Man brauchte allerdings nicht zwingend eine Dunkelkammer mit rotem Licht, es genügte einfach ein abgedunkelter Raum für die Herstellung von schwarz-weißen Positiven. Man benötigte dafür ein Papier, welches lichtempfindlich war, notwendige Chemikalien und Wasser. Die Technik von William Henry Fox Talbot und die des französischen Erfinders Louis Daguerre entwickelten sich gleichzeitig, bis es dann zur bis heute weltweit bekannten Digitalfotografie in den 1990er-Jahren kam.

Welche Rolle spielt die Einstellung der Kamera

In diesem Kapitel werde ich Ihnen vorstellen, welche Aspekte und Technik bei der Kamera-einstellung eine Rolle spielen. Wichtig ist vorab, dass Sie bei der Kamera die Wahl des M-Modi (manuellen Modi) einstellen können, sodass Sie jegliche Einstellung der Kamera selbst aus-wählen können. Nun zu den nicht weniger wich-tigen, sondern tatsächlich maßgebenden

Einstellungen. Ausschlaggebend für die Zeitspanne der Belichtungszeit ist der Verschluss der Kamera. Bei einer Spiegelreflexkamera ist ein vertikal ablaufender Metalllamellen-Schlitzverschluss üblich. Hierbei gibt es 2 sogenannte Vorhänge, welche sich allerdings nicht gleichzeitig beim Drücken des Auslösers öffnen. Betätigt man den Auslöser, öffnet sich der erste Vorhang, sodass der Sensor komplett frei liegt, bis der zweite Vorhang sich dann wieder schließt und den Sensor komplett verdeckt.

Der Schlitzverschluss befindet sich bei einer Spiegelreflexkamera meist unmittelbar vor dem Sensor. Nun kommen wir zur Belichtungszeit, denn diese spielt die entscheidende Rolle, wie lange überhaupt der Sensor frei liegt, und im Zuge dessen, wie hoch die Dauer ist, in der das einfallende Licht auf den Sensor fällt. Je höher also die Belichtungszeit, desto mehr Lichteinfall bekommt die lichtempfindliche Schicht, der Sensor.

Bei der Einstellung der Belichtungszeit, geht es also darum, was man schlussendlich erreichen möchte. Ist ein Raum zu dunkel oder sind die Lichtverhältnisse schlecht, wählt man meist eine längere Belichtungszeit, um somit einen längeren

Lichteinfall zu erhalten. Aber Achtung, hier besteht Verwacklungsgefahr, aber dazu werde ich im nächsten Kapitel noch genauer eingehen. Eine weitere wichtige Rolle spielt die Einstellung der Blendenöffnung. Sie ist eine mechanische Vorrichtung, die den nutzbaren Durchmesser des Objektivs verkleinern oder vergrößern kann. Je kleiner die Blendenöffnung, desto weniger Licht kommt also auch hindurch. Zusätzlich kann man die Blendenöffnung auch als Stilmittel nutzen. Wählt man eine kleine Blendenöffnung ab f8 (f= Blende), erreicht man somit eine höhere Tiefenschärfe und der Hintergrund erscheint so weniger unscharf. Diese Einstellung findet oftmals in der Porträtfotografie bei Gruppenbildern Verwendung oder aber in der Architektur- und Landschaftsfotografie.

Zuallerletzt gibt es eine weitere Einstellung der Kamera, die eine Rolle spielt: der ISO-Wert. Er beschreibt das Maß für die Lichtempfindlichkeit des Sensors. Erhöht man diesen Wert, ist die Kamera in der Lage, ein Foto mit halb so viel Licht aufzunehmen. Doch auch hier ist Vorsicht geboten, denn je höher man den ISO-Wert stellt, desto höher ist die Gefahr, dass das Bild rauschig wird, das sogenannte Bildrauschen. Wie kann man sich das vorstellen? Das Bild, benutzt man diese Funktion nicht als Stilmittel eines bestimmten Motivs, ‚verliert' an Qualität und ist weniger scharf. Zusammengefasst spielt die Einstellung der Kamera eine essenzielle Rolle in der Fotografie. Die Belichtungszeit ist also nicht ausschlaggebend der entscheidende Faktor beim Fotografieren mit Langzeitbelichtung, vielmehr ist es ein Zusammenspiel aus 3 Komponenten: 1. die Blende begrenzt die Lichtintensität, 2. die Empfindlichkeit des Sensors (ISO-Wert), der die notwendige Lichtmenge reguliert, und 3. die Belichtungszeit (Verschluss) bestimmt die Zeit, in der der Sensor dem Licht ausgesetzt ist.

Ausrüstung für ein Foto mit Langzeit-belichtung

WELCHE KAMERA NUTZT MAN?

Allgemein sind die am meisten verwendeten Kameras auf der einen Seite die Systemkamera und auf der anderen Seite die Spiegelreflexkameras. Der Unterschied liegt darin, dass bei der Spiegelreflexkamera, wie der Name schon sagt, ein Spiegel im Inneren der Kamera eingebaut ist. Hierbei landen die einfallenden Lichtstrahlen also nicht direkt auf dem lichtempfindlichen Sensor, sondern auf dem Spiegel. Dieser wiederum leitet das Bild dann zum Sucher der Kamera, durch den Sie durchschauen, weiter. Sie müssen sich das so vorstellen, dass, sobald Sie den Auslöser drücken, sich der Spiegel automatisch hochklappt und so den Sensor freilegt. Anschließend klappt der Spiegel von allein wieder nach unten. Kennen Sie den sogenannten ‚Blackout‘ bei der Aufnahme mit einer Spiegelreflexkamera?

Dies ist die Zeit, in der der Sucher, durch den Sie Ihre Aufnahme betrachten, für einen Moment, nämlich während der Aufnahme und somit während der Spiegel hochklappt, für Sie schwarz erscheint. Hinsichtlich der Belichtungsdauer haben Sie bei der Spiegelreflexkamera in der Regel keine Einschränkungen. Das bedeutet, Sie können, bei Bedarf, sogar stundenlang belichten und somit auch sehr schwaches Licht für eine lange Zeit auf den lichtempfindlichen Sensor fallen lassen und trotzdem am Ende ein korrekt belichtetes Bild erhalten.

Für diese Möglichkeit gibt es bei den meisten Kameras im manuellen Modus ein Belichtungsprogramm mit dem Buchstaben B. B steht hier für Bulb. Hierbei taucht der Begriff hinter der längsten fest einstellbaren Zeit auf, die bei in der Regel

30 s liegt. Dieses Programm beschreibt den Modus, bei dem der Verschluss so lange geöffnet ist, wie auch der Auslöser gedrückt wird. Allerdings ist zu erwähnen, dass es auf Dauer doch eher unbequem wäre, wenn Sie hierfür die gesamte Zeit der Belichtung den Auslöser gedrückt halten müssten. Zusätzlich würde es nicht nur unbequem werden, sondern es würde auch zu unnötigen und unschönen Verwacklungen kommen, selbst mit einem Stativ. Dies ist der Grund, weshalb die meisten Fotografen einen Fernauslöser verwenden, wenn Sie mit einer Langzeitbelichtung arbeiten.

In der Frühzeit der Fotografie gab es diesen Begriff auch schon und es wird mit dem Wort Bulb ein Blasebalg bezeichnet, der für die Auslösung des Verschlusses zuständig war. Presste man diesen mit Luft gefüllten Ball zusammen, wurde durch ein Gummiröhrchen, das mit dem vorhandenen Luftdruck gefüllt war, der Kameraverschluss offengehalten. Man kann sagen, dass dieser Blasebalg der Vorläufer des Drahtauslösers war und dort immer noch seine gültige Bezeichnung für den Langzeitbelichtungsmodus hat.
Bei der Systemkamera, der spiegellosen Variante, fällt das einfallende Licht direkt auf den Sensor.

Hier haben Sie ein großes Display hinten an der Kamera, auf dem Sie das fotografierte, direkt im Anschluss an die Aufnahme, sehen können. Somit verzichtet die Systemkamera im Vergleich zu der Spiegelreflexkamera auf eine Menge Technik. Der Spiegel und der optische Sucher beispielsweise fallen komplett weg.

Die Systemkameras sind also auch deutliche kleiner, das Objektivbajonett, oder einfach gesagt der Objektivanschluss für Wechselobjektive, rückt hier auch viel näher an den Sensor ran. Systemkameras sind demnach leichter und oftmals günstiger, aber nicht zwingend notwendig schlechter. Bei der Wahl und dem Kauf einer Kamera, sofern Sie noch keine besitzen, spielt es keine ausschlaggebende Rolle, welche Kamera Sie sich anschaffen, mit beiden haben Sie die Möglichkeit, Bilder mit einer Langzeitbelichtung zu machen.

WAS BENÖTIGT MAN FÜR DIE UMSETZUNG

Der erste Schritt für ein Foto mit Langzeitbelichtung ist es also, sich vorab mit Ihrer Einstellung der Kamera zu beschäftigen und damit, was Sie mit der langen Belichtung erreichen möchten. Um ein gutes Foto zu erzielen, ist es wichtig zu verstehen, welche Komponenten Sie nutzen und wie Sie die Kamera bestmöglich einstellen. Wie im vorherigen Kapitel schon erwähnt, kann es beim Fotografieren mit einer langen Belichtungszeit schnell zu einer Verwacklung der Aufnahme kommen. Zuallererst stellen Sie beim Fotografieren mit langen Belichtungszeiten unbedingt den Bildstabilisator der Kamera aus, denn ansonsten kann es passieren, dass der integrierte Bildstabilisator während der Belichtung zu arbeiten beginnt, was dazu führt, dass das Bild unscharf wird. Nur bei kurzen Belichtungszeiten ist der Bildstabilisator von Vorteil, weil man hierbei aus der Hand fotografiert.

Bei Langzeitbelichtungen, die bereits ab 1 Sekunde beginnen, ist es, je länger sie sind, unmöglich, diese aus der Hand zu fotografieren. Aus diesem Grund ist ein Stativ bei langen Belichtungszeiten unumgänglich. Es muss kein teures Produkt sein, dennoch sollten Sie darauf achten, dass es stabil und sicher steht. Also besorgen Sie sich zuallererst ein Stativ, welches einen sicheren Stand und, je nach Schwere Ihrer Kamera, einen sicheren Halt hat. Positionieren Sie das Stativ auf einem sicheren Untergrund, sodass nicht die Gefahr besteht, dass das Stativ umkippt.

Viele nutzen zusätzlich einen Fernauslöser, um so eine Verwacklung zu vermeiden. Im Grunde ein Hilfsmittel, damit Sie auslösen können, ohne die Kamera auch nur zu berühren. Mithilfe des Fernauslösers vermeiden Sie, gerade bei der Arbeit mit einer Langzeitbelichtung, auch nur die kleinsten Erschütterungen, während Sie den Auslösemechanismus starten, und dies kann Ihnen somit die Aufnahme mit einer Langzeitbelichtung und somit die Offenhaltung des Verschlusses erleichtern. Welche Fernauslöser es gibt, erfahren Sie im übernächsten Abschnitt.

Nutzen Sie zusätzlich eine kleine Blendenöffnung ab f8, denn bei langen Belichtungszeiten kann es bei einer zu weit offenstehenden Blende schnell zu einer Überbelichtung kommen, da dann zu lange zu viel Licht auf den Sensor fällt. Zusätzlich können Sie auch einen Filter bei der Langzeitbelichtung nutzen, denn nicht nur die Größe der Blendenöffnung kann zu einer Überbelichtung führen, sondern allgemein lange Belichtungszeiten, besonders tagsüber.

STATIVHALTERUNGEN FÜR DIE KAMERA

Sie wissen nun, dass Sie unbedingt ein Stativ benötigen, um problemlos mit langen Belichtungszeiten zu fotografieren. Sie stellen sich nun eventuell berechtigt die Frage, wie Sie die Kamera auf dem Stativ sicher befestigen: mithilfe von Stativköpfen. Hauptsächlich werden hierfür entweder der Kugelkopf oder aber der Drei-Wege-Neiger verwendet. Der Kugelkopf ermöglicht Ihnen eine freie Bewegung der Kamera und somit eine schnelle Einstellung, durch die, wie der Name des Kopfes schon verrät, arretierbare Kugel. Mithilfe eines Reglers kann man die Reibung justieren, was bei der genauen Positionierung hilft und es wird somit verhindert, dass die Kamera wegkippt, sobald die Arretierung gelöst ist. Dann haben Sie noch die Möglichkeit, mit einem Drei-Wege-Neiger zu fotografieren. Dieser hat, wie der Name erahnen lässt, drei Möglichkeiten, jede Achse mit dem jeweiligen Hebel zu verstellen.

Der Drei-Wege-Neiger ist in der Handhabung etwas umständlicher und man benötigt mehr Fingerspitzengefühl und Zeit, den Kopf für die richtige Perspektive einzustellen. Dieser Stativkopf ist außerdem kompakter, ermöglicht Ihnen aber ein sehr exaktes Arbeiten. Schauen Sie sich gern beide Halterungen mal an und entscheiden Sie dann, womit Sie besser arbeiten und fotografieren können. Dies ist also ganz individuell, denn manche kommen mit dem einen Stativkopf schneller und besser zurecht als mit dem anderen. Probieren Sie es aus und finden Sie somit heraus, welcher Stativkopf für Sie infrage kommt.

WELCHE FERNAUSLÖSER ES GIBT

Kleinste Verwacklungen können Sie bei Langzeitbelichtungen auch vermeiden, indem Sie den Auslöser nicht selbst drücken, sondern, wie bereits erwähnt, einen Fernauslöser verwenden. Hier können Sie entweder einen Draht- oder einen drahtlosen Infrarot-Auslöser benutzen. Beim Drahtauslöser können Sie die Auslösung mechanisch entkoppeln und verhindern so zusätzliche Verwacklungen. Besonders für das Fotografieren mit einer

Langzeitbelichtung sollte er arretierbar sein, damit Sie ihn nicht während der gesamten Aufnahme gedrückt halten müssen. Die kabellose Variante ist der Infrarot-Auslöser, bei dem Sie im Nahbereich eine Fernbedienung besitzen und der Empfänger an der Kamera sitzt. Sie haben auch die Option, einen externen Funkfernauslöser zu benutzen, denn dieser kann eine Reichweite von mehreren 100 Metern haben. So könnten Sie auch ein Selbstporträt machen, sodass Sie nicht zwingend in der Nähe der Kamera sein müssen. Der Fernauslöser, ganz egal, welchen Sie letztlich nutzen, ermöglicht Ihnen eine Erweiterung der fotografischen Möglichkeiten bei der Langzeitbelichtung.

BRAUCHT MAN EINEN FILTER BEI DER LANGZEITBELICHTUNG?

Wenn Sie eine Aufnahme bei Tageslicht machen müssen, dann unbedingt! Ansonsten ist die Wahrscheinlichkeit hoch, dass das Bild überbelichtet wird. Warum? Wie bereits beschrieben, ist bei der Langzeitbelichtung der Verschluss für eine von Ihnen bestimmte Zeit geöffnet. Das bedeutet, dass in dieser Zeit viel Licht auf den lichtempfindlichen Sensor trifft. Fotografieren Sie als nicht bei Dunkelheit, sondern am Tag, ist die Lichtmenge einfach zu groß. Sie möchten aber dennoch ein Motiv bei Tageslicht fotografieren, was also tun? Für diesen Zweck gibt es die sogenannten ND-Filter, Neutraldichtefilter.

Sie bestehen aus Glas- oder Kunststoffscheiben. Sie sind sich unsicher, welche Größe der Neutraldichtefilter haben soll? Schauen Sie auf den Rand Ihres Objektivs, dort finden Sie den Durchmesser, den Sie benötigen, um die richtige Filtergröße zu wählen. Vorausgesetzt, Sie möchten mit einem Schraubfilter arbeiten. Zu den verschiedenen Filtertypen komme ich später noch. Die ND-Filter sind neutralgrau eingefärbt und sorgen somit für eine gleichmäßige Abdunklung. Doch keine Sorge, neutralgrau sorgt dafür, dass die tatsächlichen Farben nicht verfälscht werden. Mithilfe dieser Filter können Sie nun auch ohne Weiteres Langzeitbelichtungen am Tag aufnehmen.

WELCHE ND-FILTER GIBT ES?

In erste Linie haben die Filter alle etwas gemeinsam, sie verdunkeln und reduzieren den Lichteinfall. Sie unterscheiden sich in Ihrer Dichte und die damit angepasste Belichtungszeit, denn je dichter ein Filter ist, desto länger müssen Sie auch belichten. Man muss also je nach Filter die Belichtungszeit anpassen, ansonsten kann es passieren, dass Sie trotz Langzeitbelichtung ein unterbelichtetes Foto erhalten. Hier können Sie aber auch, alternativ oder zusätzlich, die Blende anders einstellen. Allerdings sollten Sie darauf achten, was Sie bei Ihrer Aufnahme erzielen wollen, denn wenn Sie aufgrund des Neutraldichtefilters die Blende mehr öffnen, damit mehr Licht auf den Sensor fällt, erzielen Sie automatisch auch weniger Tiefenschärfe.

Das bedeutet, dass Gegenstände oder Motive, die sich im Vordergrund des Fotos befinden, sich mehr vom Hintergrund abheben, da dieser bei einer offeneren Blendenöffnung unschärfer erscheint. Wollen Sie aber zum Beispiel eine Landschaftsaufnahme machen, mit Bergen im Hintergrund, oder eine Architekturaufnahme, wo sich das Gebäude eher im Hintergrund befindet, dann eignet es sich nicht, die Blende weiter zu öffnen.

Bei der Verwendung von Neutraldichtefiltern passen Sie also in erster Linie die Dauer der Belichtung an. Die gängigsten ND-Filter sind ND4, ND8, ND64 und der stärkste ist der ND1000. Während der ND4 um 2 Blenden verdunkelt, verdunkelt der ND1000 um 10 Blenden. Sie müssen also bei der Verwendung mit einem dieser Filter unbedingt darauf achten, dass Sie die Belichtungszeit anpassen. Vereinfacht erklärt, reduziert zum Beispiel der ND8 Filter das Licht um das 8-fache. Um dann die Belichtungszeit richtig anzupassen, multipliziert man die Verschlusszeit mit dem Faktor 8.

Dieser ND-Filter eignet sich aufgrund seiner Dichte dazu, überwiegend am späten Nachmittag oder Abend zu fotografieren. Möchten Sie tagsüber gern das Meer fotografieren, dann erreichen Sie mithilfe dieses Filters und mit einer angepassten Verlängerung der Belichtung, dass die Bewegung der Wellen des Meeres oder eines Bachs im nahegelegenen Wald noch leicht zu erkennen sind, ohne dass die komplette Wasseroberfläche glatt erscheint. Sollte es zunehmend dunkler werden und Sie bei Abenddämmerung fotografieren, können Sie mit dem ND8-Filter sogar bis zu 2 Minuten länger belichten.

Bei dem ND64 Filter reduziert sich das Licht um das 64-fache. Dies erklärt sich so, dass, wenn Sie ohne Filter 1 Minute belichten, Sie dann mit Filter allerdings eine längere Belichtungszeit verwenden sollten, die bei mindestens 1 Minute und 4 Sekunden liegen sollte, sprich 64 Sekunden. Dieser Filter ist die häufigste Wahl beim Fotografieren mit Langzeitbelichtung, wenn Sie ab nachmittags bis in die Abendstunden, sobald die Abenddämmerung einsetzt, fotografieren, denn so können Sie bereits ab 5 Sekunden Belichtungszeit schon eine Glättung einer Wasseroberfläche erreichen. Sie möchten ausschließlich tagsüber, also bei Tageslicht, mit Langzeitbelichtung fotografieren? Dann eignet sich der ND1000 Filter am besten, da er 1000-fache Reduktion des Lichtes verursacht und Sie somit sogar die Möglichkeit haben, in der Mittagssonne lange zu belichten.

Je dunkler es aber wird, desto mehr müssen Sie bei Verwendung dieses Filters die Belichtungszeit dementsprechend deutlich verlängern und dies kann mitunter dann sehr lang sein. Bei diesem Filter ist es außerdem so, dass es aufgrund seiner Dichte zu einer Vignettenbildung, welches eine dunkle Umrandung des Fotos an den Außenseiten ist, kommen kann. Doch auch dies kann ein tolles Stilmittel bei vielen Motiven sein, weil Sie so ein in der Mitte des Bildes liegendes Motiv besonders hervorheben können.

Konzentrieren Sie sich anfangs erst einmal auf die Stärken 8 oder 10 und wenn Sie dann die ersten Aufnahmen mit diesen Filtern gemacht haben, können Sie, wenn Sie mögen, mit weiteren Filtern experimentieren und schon bald werden Sie merken, mit welchen Filtern Sie welche Effekte erzielen können und was Ihnen gefällt. Ein Sortiment an Filtern ist also nur von Vorteil, weil es mehr Flexibilität und Möglichkeiten bietet, mit den Tages- und somit Belichtungszeiten zu spielen. Wenn Sie sich abschließend zu diesem Abschnitt nun die Frage stellen, ob es bei der Filterwahl eine Rolle spielt, welchen ND-Filter Sie für welchen Kamerahersteller verwenden sollen, dann kann ich Sie beruhigen, denn es ist egal, welche Kamera Sie besitzen, Sie können alle Filter an allen Kameras nutzen. Wichtig ist nur, dass der Filterdurchmesser passt.

FILTERTYPEN

Wie bereits kurz angeschnitten, können Filter in verschiedenen Bauformen angeboten werden. Es gibt Schraubfilter, Steckfilter, Hinterlinsenfilter oder aber auch externe Filterhalter. Der am meisten verwendete Filtertyp ist der Schraubfilter. Er befindet sich in einer Metallfassung und passt genau in das für den Filter vorgesehene Gewinde Ihres Objektivs. Doch keine Sorge, denn wenn Sie nun denken, dass Sie für jeden verschiedenen Fassungsdurchmesser einen separaten Filter kaufen müssen, kann ich Sie beruhigen. Sie können ganz einfach einen größeren Filter mit sogenannten Gewinde-Reduzierungsringen an einen etwas kleineren Durchmesser anpassen. Vorsicht ist nur bei der Verwendung eines Weitwinkelobjektivs geboten, denn dann kann der Vorbau des Filters zu einer, sofern Sie dies nicht wollen oder als Gestaltungsmittel wählen möchten, Vignettierung führen. Wollen Sie eine Vignettierung vermeiden, aber dennoch ein Weitwinkelobjektiv verwenden, gibt es einen Schraubfilter mit der Bezeichnung ‚slim‘, der ist schmaler und kann so auf ein Weitwinkelobjektiv geschraubt werden.

Für Objektive mit Weitwinkeloption eignet sich jedoch auch der Hinterlinsenfilter, der sogar bei Ultra-Weitwinkelobjektiven verwendet werden kann, bei denen die Frontlinse stark gewölbt ist. Bei diesem Filtertyp befindet sich nämlich eine Klemmvorrichtung an der Rückseite, an der ein passend geschnittener Filter, hierbei meist bestehend aus Folien, arretiert werden kann. Benutzen Sie ein Zoom- bzw. Teleobjektiv? Dann können Sie auch den Steckfilter nutzen. Bei großen Teleobjektiven kommt es oft zu Störungen bei der Veränderung des Strahlengangs, also Änderung der Brennweite.

Bei den meisten Teleobjektiven ist bereits ein Filter mit einer Steckschublade eingebaut, den Sie aber gegen einen anderen Filter, allerdings mit gleicher Dicke, auswechseln können. Bei diesen genannten Filtertypen gibt es auch einen Filterhalter, der sich extern befindet und vorn am Objektiv angebracht wird. Welchen Vorteil hat die externe Filterhalterung? Damit können sich die eingesetzten, von Ihnen für das passende Motiv ausgewählten Filter verschieben lassen. Mithilfe der Halterung wird Ihnen auch ermöglicht, mit einer Filtergröße für alle Objektive, die Sie besitzen, zu arbeiten. Heutzutage wird ein Filterhalter allerdings eher selten, gerade bei Spiegelreflexkameras, verwendet, da in der heutigen Zeit der digitalen Fotografie die meisten Fotografen Filter mithilfe von Bearbeitungsprogrammen benutzen. Dies betrifft natürlich vermehrt Farb- oder Verlaufsfilter, die als Gestaltungsmittel für ein Motiv gewählt werden.

LANGZEITBELICHTUNG MIT BLITZ

Sie können beim Fotografieren mit Langzeitbelichtung auch einen Blitz verwenden. Man nennt es auch gern Wanderblitz. Sie fragen sich nun vielleicht, wie das funktionieren kann, kann doch ein einziger Blitz, gerade bei der Langzeitbelichtung, die Stimmung des aufgenommenen Motivs zerstören. Oder aber es kommt Ihnen der Gedanke, dass das Motiv eventuell eine zu große räumliche Tiefe hat, um es vernünftig mit nur einem Blitz ausleuchten zu können. Eine lange Belichtungszeit kann Ihnen allerdings die Möglichkeit bieten, sich quer durch das Bild, das Motiv, zu bewegen. Sie fragen sich sicherlich jetzt, warum. Aus folgendem Grund:

Sie können so alle Bereiche, die Sie beleuchten wollen, einzeln mit dem Blitz nacheinander anblitzen und somit belichten. Keine Sorge, denn Sie werden dabei aufgrund der langen Belichtungszeit nicht auf dem finalen Bild zu sehen sein, es sei denn, Sie bleiben in der Szene stehen. Würden Sie mit einem einzigen Blitz, der von der Kamera ausgeht, fotografieren, dann ist vielleicht das vorderste Motiv beleuchtet, der Rest allerdings dunkel und das Foto wirkt somit nicht facettenreich oder interessant, sondern eher flach und langweilig.

Stellen Sie sich die Frage, wie Sie denn Motive anblitzen können, wenn der Blitz auf der Kamera sitzt, und noch wichtiger, wie lösen Sie den Blitz dann aus? Hierbei haben Sie mehrere Optionen, die Sie nutzen können. Sie können den Blitz ganz leicht von der Kamera lösen, ihn also von der Kamera entfesseln und über eine beliebige Entfernung auslösen. Für diese Funktion gibt es eine Menge Möglichkeiten, die Sie nutzen können. Es gibt einmal die Option, mit einem Synchronkabel auszulösen, hierfür gibt es eine Buchse, die sich an der Kamera befindet, und das Blitzgerät mit einem Kabel mit der Kamera verbindet. Diese Technik ist eine sichere und generell einfache Technik, um einen Blitz aus der Ferne auszulösen, die allerdings überwiegend in der Studiofotografie angewendet wird. Zusätzlich ist zu erwähnen, dass das Kabel sich beim Fotografieren lösen kann oder im Weg ist. Nutzen Sie es eventuell als Reserve, falls eine andere Auslösetechnik mal nicht funktionieren sollte, während Sie fotografieren.

Als Nächstes gibt es noch den Servo-Blitzauslöser mit Fotozelle, der allerdings für das Fotografieren mit Langzeitbelichtung eher selten genutzt wird, da er meist für die Blitzgeräte in Studios verwendet wird, damit die vorhandenen Blitzlampen alle gleichzeitig auslösen. Dann gibt es den Infrarotfernauslöser, der ähnlich wie der Servo-Blitzauslöser arbeitet, sich allerdings darin unterscheidet, dass hier ein Infrarotlichtsender auf der Kamera sitzt und ein Empfänger am Blitz. Ein weiterer Unterschied bei diesem Blitz ist, dass man mit den Infrarotsendern im Studio mehrere Kameras und Blitzanlagen voneinander trennen und auslösen kann. Nun kennen Sie zwar die gängigsten Blitzgeräte, allerdings ist für das Fotografieren mit

Langzeitbelichtung ein Blitz von besonderer und essenzieller Bedeutung: der Aufsteckblitz.

Den können Sie nicht nur auf die Kamera stecken, sondern er ist auch abnehm- und transportierbar und somit am besten geeignet für das Fotografieren mit Blitz während einer langen Belichtungsdauer. Achten Sie darauf, dass der Aufsteckblitz einen nicht nur nach oben, sondern auch einen seitlich schwenkbaren Reflektor besitzt, denn so haben Sie noch mehr Möglichkeiten, den Blitz kreativ nutzen zu können. Des Weiteren sollte der Blitz zoombar sein, um seinen Abstrahlwinkel verändern zu können. Wollen Sie allerdings nicht mit einem Blitz durch das Bild laufen, während die Belichtungszeit läuft, und haben Sie zusätzlich auch noch helfende Hände für Ihre Aufnahme, dann achten Sie darauf, dass der Aufsteckblitz ein ‚Slave-Blitz' ist, denn dann haben Sie die Möglichkeit, mit mehreren Blitzen zu arbeiten, und durch die drahtlose Blitzautomatik alle Blitze gleichzeitig auslösen zu lassen.

Sie müssen nicht ausschließlich den gleichen Hersteller wie den Ihrer Kamera nutzen, es gibt genügend Fremdhersteller, die gute Aufsteckblitze haben, kompatibel sind mit Ihrer Kamera und den eben genannten Slave-Modus unterstützen. Wie nutzt man den Blitz nun oder besser gesagt, wie stellt man ihn ein? Sie können den Blitz völlig separat steuern, entweder am Blitzgerät selbst oder aber im Menü Ihrer Kamera. Fotografieren Sie im manuellen Modus (M), was ja, wie schon erwähnt, in der Langzeitbelichtung üblich ist, dann können Sie hier die Stärke des Blitzes einstellen.

Hierbei gibt es die Option, den Blitz auf die volle Stufe von 1/1 zu stellen oder auf 1/64 oder sogar 1/128 herunter zu regeln. Damit Sie sich das in etwa vorstellen können, bedeutet dies, dass dies ca. sechs oder sieben Blendenstufen entspricht. Um zu wissen, welche Reichweite der Blitz mit der eingestellten Blitzstärke hat, überprüfen Sie das Display Ihrer Kamera, denn dort wird die zu erwartende Reichweite angezeigt. Haben Sie zuvor die anderen technischen Einstellungen wie Blende und ISO-Zahl bereits eingestellt, werden diese Werte dem Blitz übermittelt. Dies gilt allerdings auch nur, wenn Sie den Blitz auf Ihrer Kamera befestigt haben.

Möchten Sie ihn für das Fotografieren mit Langzeitbelichtung abnehmen, dann bleibt Ihnen leider diese Information verwehrt. Sie haben dann die Option, das Maß für die Leistungsfähigkeit bzw. Reichweite des Blitzes selbst zu berechnen. Dies ist die sogenannte Leitzahl. Teilt man die Leitzahl durch den von Ihnen eingestellten Blendenwert, erhalten Sie die Reichweite in Metern. Üblicherweise wird die Leitzahl für eine Verwendung mit der ISO-Zahl 100 angegeben. Verändern Sie allerdings die Brennweiteneinstellung des Zoomreflektors, ändert sich auch diese. Wählen Sie eine weitwinklige Blitzausleuchtung, wird somit auch die Leitzahl kleiner, also das Maß der Reichweite des Blitzes. Also probieren Sie aus, welche Stärke des Blitzes Sie nutzen möchten, und machen Sie es abhängig davon, wie hell Sie die beleuchteten Motive in Ihrem Bild haben möchten. Das ist ganz individuell und nutzen Sie die Stärke, die Ihnen für Ihr Foto zusagt. Auslösen können Sie den Blitz am Aufsteckblitz selbst.

Welches Dateiformat verwendet man bei der Langzeitbelichtung?

Sie haben zwei Optionen bei der Wahl des Formates, mit dem Sie fotografieren möchten. Auf der einen Seite das JPG- und auf der anderen Seite das RAW-Format. Es wird empfohlen, gerade bei der Langzeitbelichtung, das Bild im RAW-Format zu fotografieren. Der Begriff stammt aus dem Englischen und wird übersetzt mit ‚roh'. Das bedeutet, einfach gesagt, die Aufnahmen werden nicht nachbearbeitet und so wie sie sind mit all ihren Bildinformationen auf der Speicherkarte abgelegt. Des Weiteren haben Sie mithilfe dieses Formates zusätzlich deutlich mehr Spielraum bei der Nachbearbeitung mit den gängigen Bearbeitungsprogrammen, zu denen ich im nächsten Abschnitt noch kommen werde.

Die Datei landet also nach dem Sichern und Runterladen der Fotos ‚roh' auf Ihrem Laptop und Sie haben keinerlei Qualitätsverlust oder Daten, die kleiner gerechnet werden. Was damit gesagt werden soll, ist, dass beim Fotografieren im JPG-Format die im Bild vorhandenen Daten bereits komprimiert werden und Sie sollten wissen, dass bei jedem Öffnen und erneutem Abspeichern des Bildes im JPG-Format ein Verlust an Qualität stattfindet und Bildinformationen verloren gehen. Allgemein gilt, dass das Fotografieren im RAW-Format Ihnen mehr Spielraum bei der Nachbearbeitung bietet.

Welche Bearbeitungsprogramme sind die gängigsten?

Die beiden bekanntesten Bearbeitungsprogramme sind Lightroom und Photoshop. Lightroom ist im Grunde die erste ‚Anlaufstelle' für die Nachbearbeitung von Fotos, da dies das Programm ist, in dem Sie die Roh-Datei, also das Foto im RAW-Format, einfügen, einen großen Teil bearbeiten und dann in das Format JPG konvertieren können. Lightroom dient also nicht nur als Programm für die primäre Nachbearbeitung von Bildern, sondern eben auch als Konvertierungsprogramm von der Roh-Datei zu einem ausgewählten anderen Format.

In welches Format Sie die Datei konvertieren, ist abhängig davon, wofür Sie das Foto nutzen möchten, ob für den Druck, als Wandbild oder für die Onlinenutzung. Die bekanntesten Dateiformate sind GIF, JPG und PNG, welche auch alle gern für die Nutzung im Internet genutzt werden. Sie bieten eine gute Wiedergabequalität des Bildes, trotz einer geringen Speichergröße. Allerdings ist das gängigste Format eben das JPG-Format, welches überwiegend für zum Beispiel Social Media oder Homepages verwendet wird. Nachdem Sie die Bilder von der Roh-Datei zu einem der von Ihnen ausgewählten Dateiformate konvertiert haben, kann dann die Weiterverarbeitung, mithilfe von Photoshop fortgeführt werden. Hier können Sie eventuell kleinere Dinge ausarbeiten und detailgenauer bearbeiten. Finden Sie heraus, welches der genannten Programme Ihnen mehr zusagt, mit welchem Sie besser zurechtkommen und auch in Abhängigkeit dessen, was Sie an dem von Ihnen fotografierten Bild bearbeiten möchten. Kurze Anmerkung: Möchten Sie kein Lightroom als Bearbeitungsprogramm nutzen, aber dennoch im RAW-Format fotografieren, was bei der Langzeitbelichtung deutlich vorteilhafter ist, dann benötigen Sie auf jeden Fall ein anderes Programm, welches die Roh-Datei zum Beispiel in JPG umwandelt.

Spielt die Brennweite eine Rolle?

Die Brennweite spielt keine essenzielle Rolle bei der Langzeitbelichtung, sie dient lediglich als Stilmittel. Bei der Natur-, Landschafts- oder Architekturfotografie wählt man in der Regel ein Weitwinkelobjektiv. Bei Aufnahmen in der Stadt fotografiert man mit einem Tele- oder Festbrennweitenobjektiv. Das ist Ihnen überlassen und Sie bestimmen, welches Objektiv Sie mit welcher Brennweite nutzen und welche Motive Sie im Ausschnitt des Fotos haben möchten. Allerdings gibt es eine Regel, die Sie dennoch beachten müssen: Wählen Sie zum Bei-spiel eine Brennweite von 70 mm, müssen Sie die Belichtungszeit anpassen, was bedeutet, dass Sie mindestens eine Belichtungszeit von 1/70 s ein-stellen müssen. Die Belichtungszeit muss also mindestens dem Kehrwert der Brennweite ent-sprechen.

Die blaue Stunde

Die blaue Stunde ist für die meisten Motive eine ideale Zeit, die sich zwischen Sonnenuntergang und der beginnenden Dunkelheit befindet und im Umkehrschluss in der Morgendämmerung. Doch Sie müssen genau sein, denn die Zeit, die man fotografisch am besten nutzt, beträgt in den meisten Fällen nur ca. 30 Minuten. Hierbei haben die künstliche Beleuchtung und der Himmel in etwa die gleiche Helligkeit. Der Kontrastumfang ist gering genug, um Ihnen zu ermöglichen, mit einer einzigen Belichtung trotzdem die meisten bildwichtigen Details zu erfassen, da der Himmel in diesen Zeiten entweder schon oder eben noch hell genug ist. Der kreative und somit reizvollere Kontrast ist am Abend besser nutzbar, da die Häuser oder Bauwerke mit ihrem künstlichen Licht meist erst spät in der Nacht ausgeschaltet sind. Des Weiteren ergibt sich der Vorteil, dass an den meisten Orten weniger Menschen unterwegs sind, wie zum Beispiel Touristen, die wichtige Sehenswürdigkeiten in Großstädten besuchen.

Der Himmel färbt sich in der blauen Stunde, wie der Name im Grunde schon preisgibt, in ein tiefes Blau, und Sie erleben die schönsten und kräftigsten Kontraste und erschaffen somit eine intensive Atmosphäre. Ein bekanntes Gebäude hebt sich beispielsweise in der Abenddämmerung, mit seinen Lichtern sehr gut von dem tiefblauen Himmel ab und Sie erschaffen somit eine fast dreidimensionale Wirkung. In der blauen Stunde ist das Tageslicht so schwach, dass Sie Belichtungszeiten von 1 bis 2 Sekunden nutzen können. Diese Zeiten hören sich für Sie kurz an, allerdings zählen sie schon zu den kurzen Langzeitbelichtungen. Wollen Sie das Meer oder einen See fotografieren, eignet sich die blaue Stunde hierfür auch hervorragend. Sie gestalten den Bildaufbau dann so, dass

Sie im Vordergrund das Wasser haben, ob jetzt Meer oder einen See, das spielt keine Rolle, und der tiefblaue Himmel den Hintergrund bildet. Vielleicht haben Sie Glück und zum Zeitpunkt Ihrer Aufnahme befindet sich gerade ein Boot oder ein kleines Segelschiff auf dem Wasser. Sie würden dann die mittlere Ebene bilden und das Bild noch interessanter wirken lassen. Die blaue Stunde bietet Ihnen in der Langzeitfotografie also zusätzlich ein faszinierendes Zusammenspiel von Zeit und Licht, vorausgesetzt natürlich, es ist genau zu dieser Zeit nicht komplett bewölkt.

Bildaufbau

Sie haben bei der Wahl Ihres Motivs und bei dem Aufbau des Fotos eine mächtige Einflussmöglichkeit, denn Sie entscheiden bei der Bildgestaltung über den Standpunkt, die Brennweite, die Lichtintensität, den Bildausschnitt und das Format ganz allein und Sie messen dies daran, was Ihnen gefällt und was im Fokus oder was eben eher im Hintergrund zu sehen sein soll. Natürlich sind Sie an die Gegebenheiten, die sich Ihnen bieten, in gewisser Weise gebunden, da vorhandene Bildelemente nicht komplett frei angeordnet werden können. Sind Sie an einem von Ihnen ausgewählten Ort, nehmen Sie sich erst einmal Zeit, diesen zu erkunden und zu erkennen, welche Möglichkeiten und Perspektiven Ihnen geboten werden. Sie bestimmen nicht nur den Aufbau Ihres Bildes, sondern Sie legen auch fest, wohin der Betrachter des Bildes zuerst schaut oder was ihm erst beim zweiten Hinsehen ins Auge fällt. Sie als Fotograf entscheiden mithilfe Ihres Bildaufbaus, wohin der Blick des Betrachters führen soll.

Welche Rolle spielt die Blickführung? Das Auge wird das Bild nach und nach ‚abtasten' und bei manchen Elementen mehr oder eben weniger hängen bleiben. Hier gibt es unterschiedliche Dinge, die den Blick des Betrachters anziehen können. Helle Flächen, besonders dunkle Gegenstände, Linien, die in eine Richtung ziehen, oder gar starke Kontraste – all dies können Sie mit Ihrem Bildaufbau gestalten.

Er spielt also eine große Rolle, ob das Bild nun interessant wirkt oder eher weniger. Speziell beim Fotografieren mit Langzeitbelichtung werden bei dem Bildaufbau keine Grenzen gesetzt, da man sich gezielt ein Motiv aussucht und durch die lange Belichtungsdauer verschiedene und somit ansprechende Effekte erzielen kann. Haben Sie eine Aufnahme gemacht, dann schauen Sie sich diese im Anschluss mal ganz in Ruhe an. Wohin wandert Ihr Auge, an welchen Stellen wandert Ihr Blick nicht weiter? Ein Bild wird meist auch interessanter und lebendiger, je mehr Sie darauf achten, dass es meist einen Vorder-, Mittel- und Hintergrund gibt.

Zusätzlich gibt es für den Bildaufbau ein weiteres Gestaltungsmittel. Sagt Ihnen der ‚Goldene Schnitt' etwas? Es ist eine Gestaltungsregel, die bereits seit der Antike bekannt ist, und beschreibt das Verhältnis zweier Größen zueinander. Fotografieren Sie also zum Beispiel mit einer Langzeitbelichtung das Meer und es befindet sich ausschließlich ein aus dem Wasser rausragender Fels in Ihrem Ausschnitt, dann nimmt das Meer auf dem Bild ja einen viel größeren Raum ein als der kleine Fels, der aus dem Wasser ragt.

Mithilfe des Goldenen Schnittes wählen Sie den Ausschnitt so, dass das Verhältnis des kleineren Teils des Bildes zum größeren Teil dem des größeren Teils zur gesamten Strecke entspricht. Sie wählen den Ausschnitt also so, dass der herausragende Fels nicht mittig, sondern entweder mehr auf der linken oder auf der rechten Seite des

Ausschnittes gesetzt wird. Diese Art der Gestaltung findet man oftmals in der Architektur- oder Natur-/Landschaftsfotografie wieder, die ja unter anderem zu den meistgewählten Motiven bei der Fotografie mit Langzeitbelichtung zählen.

Ähnlich zum Goldenen Schnitt gestaltet sich auch die sogenannte ‚Drittelregel, die ebenfalls ein harmonischeres Bild ergibt. Hierbei wird die Fläche des Bildes in drei gleich große Abschnitte geteilt, einmal waagerecht und einmal senkrecht. Versuchen Sie dabei, die prägnanten Bildmotive an die Grenzlinien zu setzen. Ein beliebtes Motiv bei der Langzeitbelichtung ist zum Beispiel ja auch der Himmel mit den sich bewegenden Wolken. Befindet sich zeitgleich zum Beispiel ein Heißluftballon im Bild, wählen Sie den Ausschnitt so, dass der Ballon nicht mittig, sondern an den Schnittpunkten der Bereiche ausgerichtet ist. Schon wirkt das Bild wesentlich interessanter. Achten Sie mit der Zeit hierbei aber auf Ihr eigenes Harmonieempfinden und finden Sie heraus, was Ihnen bei welchem Motiv am besten gefällt.

Umsetzungsplan – In 10 Schritten

Nun kommen wir schlussendlich zur Praxis und somit zu möglichen Motiven für eine Langzeitbelichtung. Was interessiert Sie am meisten? Was sehen Sie gern und welches Motiv können Sie sich möglicherweise in Ihrer Wohnung als Wandbild vorstellen? Oder möchten Sie das Bild vielleicht sogar als Geschenk für jemanden verwenden? Wichtig ist zu wissen, dass Sie mit einer Langzeitbelichtung mit der notwendigen Ausrüstung, den passenden technischen Einstellungen und der nötigen Zeit, die es bei einer Langzeitbelichtung braucht, viele Motive schön und stilvoll in Szene setzen können. Wie können Sie beginnen? Hier eine kleine Hilfestellung, um Ihnen die Umsetzung leichter zu gestalten und das eben Gelesene mit Anleitung anzuwenden:

Schritt 1: Sie benötigen eine Kamera! Sofern Sie noch keine besitzen, spielt es keine Rolle, welche Kamera Sie von welchem Hersteller haben. Langzeitbelichtungen können Sie mit allen Kameras fotografieren. Sie unterscheiden sich ausschließlich darin, ob es System- oder Spiegelreflexkameras sind.

Schritt 2: Wie bereits erwähnt, ist ein Stativ bei der Arbeit mit Langzeitbelichtungen unerlässlich. Wie Sie schon aus dem Ratgeber entnehmen konnten, werden Fotos, die lange belichtet werden, definitiv unscharf bzw. verwackelt sein, wenn Sie sie aus der Hand fotografieren. Sie können solche Belichtungszeiten nicht mit den bloßen Händen fotografieren. Mithilfe eines Stativs erhalten Sie eine größtmögliche kreative Freiheit – mit scharfen, sauberen Bildern. Bei der Wahl des Stativs sollten Sie allerdings darauf achten, dass es ein vernünftiges und somit vor allem stabiles

Stativ ist, da es unbedingt für lange Belichtungen standhaft sein muss und eventuellen kleinsten Verwacklungen standhalten muss. Besorgen Sie sich hierbei also nicht unbedingt das Günstigste, sondern investieren Sie, da es bei Langzeitbelichtungen ein essenzieller Punkt ist. Achten Sie zusätzlich darauf, dass es sich gut zusammenklappen und transportieren lässt, wenn Sie beispielsweise längere Wege zurücklegen müssen, um sich weitere tolle Motive zu suchen. Es gibt auch Stative, an denen sich Haken befinden und wo Sie Gewichte anbringen können. So können Sie es zusätzlich beschweren und das Stativ kann so auch gröberen Vibrationen standhalten. Dennoch gilt die Faustregel, dass ein sinnvoll nutzbares Stativ mindestens 2 kg wiegen sollte.

Schritt 3: Überlegen Sie sich ein Motiv und suchen Sie sich einen Ort, an dem Sie dieses Motiv so in Szene setzen können, wie Sie es sich vorstellen. Bedenken Sie: Die Langzeitbelichtung hat den meisten Einfluss auf bewegte Elemente in dem Bild. Einen Anreiz, sofern Sie nicht schon genaue Vorstellungen haben, zu möglichen Motiven erhalten Sie noch zum Ende dieses Ratgebers. Wählen Sie also zuallererst ein Motiv, welches Sie besonders interessant finden und bei dem Sie den Effekt der Langzeitbelichtung gern hervorheben möchten. Dann überlegen Sie, zu welcher Tageszeit Sie das Bild am liebsten aufnehmen wollen. Dies spielt insofern eine Rolle, als Sie hierbei die Elemente Ihres Equipments aussuchen müssen, die Sie für die Aufnahme benötigen.

Schritt 4: Vergessen Sie die ND-Filter nicht, gerade, wenn Sie bei Tag fotografieren wollen, um Überbelichtungen zu vermeiden. Wählen Sie die gängigste Filterdichte, ND8 oder 10, und wenn Sie wissen, was Sie umsetzen und mit Ihren Bildern erreichen möchten, stocken Sie Ihr Sortiment an ND-Filtern gern auf. Je mehr Sie besitzen, desto freier sind Sie beim Fotografieren, egal, ob Sie mit kurzen oder langen Langzeitbelichtungen fotografieren. So sind Sie für alles vorbereitet und Ihrer Kreativität beim Fotografieren steht nichts im Wege.

Schritt 5: Haben Sie sich dann für einen Ort und das dazugehörige Motiv entschieden, positionieren Sie zunächst einmal Ihr für die Aufnahme geeignetes Stativ. Achten Sie darauf, dass es auf einem sicheren und sturzfreien Untergrund steht. Als Nächstes setzen Sie den Stativkopf auf das

Stativ und kontrollieren, dass es sicher und fest arretiert ist. Befestigen Sie nun Ihre Kamera auf dem Stativkopf und kontrollieren Sie auch hier erneut, ob es richtig befestigt ist. Sicher ist sicher und man sollte immer auf das wichtigste Instrument der Fotografie Acht geben. Schauen Sie sich in Ruhe die Umgebung an, wechseln Sie auch gern mal die Perspektive und Sie werden sehen, wie vielfältig ein Ort und dessen Motive sein können.

Schritt 6: Stellen Sie Ihre Kamera ein! Zuerst die Zeit, mit der Sie belichten wollen. Daran passen Sie die anderen grundlegenden technischen Einstellungen an. Wählen Sie nun die Größe der Blendenöffnung, die Sie nutzen möchten. Bei beiden Aspekten kommt es zusätzlich auch auf das Motiv an, welches Sie fotografieren und was Sie mit Ihrer Einstellung erzielen möchten. Stellen Sie dann den ISO-Wert auf 50 oder 100. Diese Werte sind beim Fotografieren mit einer Langzeitbelichtung am häufigsten genutzt, da es die geringsten Werte sind und man somit anschließend kein Bildrauschen im Bild hat, wodurch die Bildqualität nicht darunter leidet.

Schritt 7: Schauen Sie nun durch den Sucher Ihrer Spiegelreflexkamera oder auf das Display, sollten

Sie mit einer Systemkamera fotografieren. Wählen Sie somit den Ausschnitt, den Sie haben möchten, und legen Sie sich dadurch fest, welche Motive wie zu sehen sein sollen. Was möchten Sie hervorheben und welches Element möchten Sie eher im Hintergrund Ihrer Aufnahme haben? Sie entscheiden; und vor allem nehmen Sie sich diese Zeit und probieren Sie auch hier aus, bis Sie zufrieden sind. Spielen Sie ruhig mal mit der Brennweite, sofern Sie nicht mit einer Festbrennweite fotografieren, und schauen Sie, was für Sie ansprechend und interessant wirkt.

Schritt 8: Vergessen Sie nicht den Fernauslöser zu befestigen, damit Sie nicht die gesamte Belichtungszeit den Auslöser gedrückt halten müssen, was ja, wie Sie nun wissen, nicht machbar ist und zu Verwacklungen führt.

Schritt 9: Überprüfen Sie noch einmal die Schritte eins bis sieben und dann kann es auch schon losgehen mit dem Fotografieren. Wie Sie sehen, machen Sie es sich wesentlich leichter, wenn Sie, bevor Sie das Foto machen, einiges vorbereiten, und Sie haben somit bei einer Fotografie mit Langzeitbelichtung weniger Arbeit im Anschluss. Sie werden bemerken, dass Sie nach einer gewissen Zeit eine gewisse Routine entwickeln und die einzelnen Schritte schon automatisiert durchführen. Wie jede neue Materie, mit der man sich zum ersten Mal beschäftigt und zuvor noch nicht mit auseinandergesetzt hat, ist es anfangs eventuell schwer oder man ist frustriert, wenn etwas nicht klappt. Lassen Sie sich nicht entmutigen, denn wie sagte einst der deutsche Politiker André Brie so schön: „Es ist noch kein Meister vom Himmel gefallen". Also tasten Sie sich ran, probieren Sie sich aus und lassen Sie Ihrer Kreativität freien Lauf und Sie werden sehen, welche tollen Motive es gibt, die Sie ganz nach Ihrem Interesse und Ihren Vorstellungen gestalten können.

Schritt 10: Drücken Sie den Auslöser und dann erfreuen Sie sich an Ihrem Foto. Wenn Ihnen etwas nicht zusagt oder das Bild zu dunkel oder doch zu hell geworden ist, passen Sie in erster Linie die Belichtungszeit an. Danach versuchen Sie es erneut. Nur, wenn Sie ausprobieren, können Sie die Effekte erkennen und die Kamera jederzeit erneut einstellen.

Motive

Wasser: Sie lieben das Meer? Dann eignet sich dieses Motiv doch super für eine Aufnahme. Belichten Sie das Meer doch mal mit einer Belichtungszeit von z. B. 1/80 s. Sie werden sehen, dass brechende Wellen noch scharf zu erkennen sind. Mit einer deutlich längeren Belichtungszeit, von z. B. 2 bis 4 min, bekommen Sie ‚Ruhe' in Ihre Aufnahme, denn das Meer wird zu einer weichen, fast neblig wirkenden Oberfläche. Sie können auch einen flie-ßenden Bach oder Fluss als Motiv verwenden. Herausragende Felsen im Meer oder Steine und Pflanzen in anderen Gewässern treten somit deutlich hervor. Sie können auch einen Wasserfall mit einer Langzeitbelichtung aufnehmen, Sie werden staunen, welchen Effekt die lange Belichtungsdauer erzielt. Das Wasser wirkt auf dem Foto wie eine Art Schleier, während die anderen Motive, die sich im Bild befinden, scharf herausstechen werden, da sie sich nicht bewegen. Wenn Sie bei dem Motiv ‚Wasser' eine lange Belichtungszeit wählen, nutzen Sie eine kleinere Blendenöffnung, also einen hohen Wert der Blende (ab f8), denn somit können Sie auch bei schlechteren Lichtverhältnissen fotografieren.

Doch seien Sie auf der Hut und positionieren Sie Ihre Kamera nicht zu nah am Wasser, gerade das Meer könnte einen starken Wellengang haben und dies könnte somit zu ungewollten Wasserspritzern auf Ihrer Kamera führen. Kommt es dennoch mal zu dem einen oder anderen Spritzer, machen Sie sich nicht verrückt, die meisten Systemkameras und auch Spiegelreflexkameras sind vor solchen Wetterbedingungen geschützt. Zumindest besitzen Sie an den relevantesten Stellen Silikon- oder auch Gummidichtungen, die verhindern sollen, dass Wasser ins Innere der Kamera gelangen können. Ebenso sind die meisten Objektive dahin gehend geschützt. Aber Achtung, nicht der komplette Body der Kamera ist durchgehend abgedichtet, und es kann immer dazu kommen, dass Wasser ins Innere der Kamera gelangt. Also seien Sie vorsichtig, denn gerade beim Fotografieren mit einer Langzeitbelichtung steht die Kamera für eine längere Zeit am Wasser.

Autobahnbrücke/fahrende Autos: Suchen Sie sich hierzu eine Brücke über einer Autobahn oder viel befahrenen Straße aus. Stellen Sie sich etwas seitlich und nicht in die Mitte der Brücke, sodass Sie den Lichtern der Autos durch die seitliche Perspektive einen kleinen Schwung verleihen. Alternativ nehmen Sie eine Brücke, von der eine Abzweigung der Autobahn zu sehen ist, somit haben Sie eine Kurve im Bild und eine geschwungene Lichtlinie auf dem fertigen Bild. Sie halten quasi die Bewegung der Lichter der Autos, die sogenannten Lightstreams, fest. Sollte ein vorbeirauschender Lkw, was durchaus vorkommt, mal zu kleinen Vibrationen führen, denken Sie hier an die genannten Gewichte, mithilfe derer Sie das Stativ zusätzlich beschweren können. Hierfür benötigen Sie ein Stativ, welches kleine Haken, an denen Sie sie befestigen können, hat.

Auch bei diesem Motiv gibt es zwei ganz individuelle Optionen und Sie entscheiden, was Ihnen gefällt und was eher nicht. Die erste Option ist, die fahrenden Autos entweder von ihrer Vorderseite oder von ihrer Rückseite zu fotografieren. Möchten Sie eher mehr weißes Licht in Ihrer Aufnahme, dann eignet sich die Perspektive von vorn, im Umkehrschluss können Sie, sofern Sie dies bevorzugen, die fahrenden Autos von ihrer Rückseite fotografieren und erhalten somit mehr rote Lightstreams in Ihrer Aufnahme. Option zwei wäre, dass Sie weitere farbliche Akzente in Ihrem Foto erscheinen lassen möchten. Hierzu wählen Sie eher die viel befahrene Straße, denn dort befinden sich noch viele andere Lichtquellen, wie zum Beispiel wärmeres, gelbliches Licht von Straßenlaternen oder aber auch das Grün oder Orange einer Ampel. Wie Sie sehen: Auch hier wird Ihrer Kreativität keine Grenze gesetzt.

Eine weitere Empfehlung habe ich für Sie noch: Um die Lightstreams mehr hervorzuheben, fotografieren Sie bei Dunkelheit, sodass andere Bildelemente mehr im Dunkeln liegen und Sie somit den tollen Kontrast von den Lightstreams und der dunklen Straße haben. So wirkt das Bild viel interessanter. Ein weiteres Motiv, in dem Lightstreams eine Rolle spielen, aber dennoch andere Motive das Bild zusätzlich interessant und spannend für den Betrachter machen, ist eine Skyline. Suchen Sie sich hierfür auch eine entweder höhergelegene Brücke, ein Haus oder anderen Aussichtspunkt, der Ihnen die Möglichkeit bietet, Hochhäuser im Hintergrund zu fotografieren. Abends, wenn es dunkel ist, können Sie somit einzelne Lichter von Fenstern einfangen. Achten Sie aber bei Ihrem Ausschnitt darauf, dass Sie im Vordergrund dennoch fahrende Autos haben, also sich bewegende Elemente. Die Lichtspuren werden zwar auf dem finalen Bild das Auge des Betrachters auf sich lenken, aber die Lichter der Hochhäuser, werden dem ganzen Foto einen gewissen Rahmen geben und es noch lebendiger wirken lassen.

Wald: Kennen Sie einen schönen Wald? Suchen Sie sich eine tolle Ecke, die Ihnen gefällt, und Motive, die Sie gern auf dem Foto sehen möchten. Nun gibt es einmal die Option, ein Foto in der Abenddämmerung zu machen und hierbei noch ein wenig Umgebungslicht einzufangen, welches eventuell die Äste oder Sträucher noch durchlassen. Durch eine längere Belichtungszeit können Sie selbst die schwächsten Lichtstrahlen einfangen. Tasten Sie sich mit den Belichtungszeiten ran. Sie entscheiden, wie viel des Umgebungslichtes zu sehen sein soll. Je länger Sie belichten, desto mehr Licht fällt auf den Sensor der Kamera und desto heller wird das Bild. Variieren Sie ruhig etwas mit den Belichtungszeiten und sehen Sie dann, was Ihnen gefällt. Fangen Sie mit 1/15 s an, überprüfen Sie Ihre Aufnahme und steigern Sie dann die Länge der Belichtungszeit, wenn nötig bzw. gewollt. Sie werden erstaunt sein, denn was für Sie mit dem bloßen Auge einfach nur dunkel erscheint, ist mit einer langen Belichtung auf dem finalen Foto doch heller, als Sie vermuten und als es den Anschein macht.

Dennoch ist es auch interessant, nicht nur in der Abenddämmerung zu fotografieren und eventuell einzelne, noch vorhandene Licht- bzw. Sonnenstrahlen einzufangen, sondern im kompletten Dunkel den Wald zu fotografieren. Sie fragen sich jetzt bestimmt, was man da denn dann sehen soll? Sie werden erstaunt sein, denn es ist tatsächlich möglich, etwas sichtbar zu machen, was man mit bloßem Auge nicht sehen würde. Was?

Glühwürmchen! Wählen Sie hierfür eine lange Belichtungszeit, mindestens 5 Minuten. Zusätzlich stellen Sie einen hohen ISO-Wert ein und eine etwas weiter geöffnete Blende, ab f4. Sie werden staunen, wie hell diese Einstellung den Wald erscheinen lässt und Glühwürmchen zählbar macht.

Riesenrad: Sie gehen gern auf den Jahrmarkt? Dann könnte ein mögliches Motiv doch ein Riesenrad sein, denn auch hier können Sie die Beleuchtung des Riesenrades super mit einer Langzeitbelichtung fotografieren. Sie erahnen wahrscheinlich schon, welchen Effekt Sie erzielen werden, oder? Mit einem sich drehenden Fahrgeschäft, sei es ein Riesenrad oder ein Karussell, werden Sie definitiv am Ende ein buntes dynamisches Foto erhalten. Vergessen Sie auch hierbei nicht, ein Stativ zu verwenden, und nutzen Sie dieses Motiv bevorzugt in der Dunkelheit, um die Lichter noch besser einfangen zu können. Tasten Sie sich auch hier mit der Länge der Belichtung ran, um zu schauen, was Ihnen gefällt. Machen Sie den Vergleich, indem Sie einmal mit einer kurzen Belichtungszeit aus der Hand und einmal mit einer langen Belichtungszeit mit einem Stativ fotografieren. Sie werden im Anschluss sofort den

Unterschied erkennen. Während Sie bei einer kurzen Belichtungszeit die Lichter des Riesenrades ‚einfrieren' und jede Lampe und jedes Licht genau erkennen, werden Sie im direkten Vergleich zu einer langen Zeit der Belichtung sehen, dass Sie einen großen Lichtkreisel kreieren und Sie werden aus dem Staunen nicht mehr rauskommen, welchen Effekt Sie erzielt haben.

Sterne: Nur mithilfe einer Langzeitbelichtung haben Sie die Möglichkeit, selbst die kleinsten Sterne zu fotografieren und sichtbar zu machen. Nutzen Sie bei diesem Motiv ein normales Objektiv, kann dies dazu führen, dass Ihnen die Erdrotation einen Strich durch die Rechnung macht und die Sterne somit verwischen. Dies kann mitunter auch ein interessantes Motiv darstellen. Sie möchten allerdings gern die Sterne deutlich sehen oder sogar Ihr eigenes Sternenbild fotografieren, nutzen Sie für dieses Motiv ein Weitwinkelobjektiv, zum Beispiel unter 30 mm, und eine offene Blende, wie etwa f1,4 oder f2,8, damit Sie eine maximale Lichteinwirkung auf den lichtempfindlichen Sensor haben. Mithilfe dieses Objektivs ergibt sich für Sie die Möglichkeit, eine längere Belichtungszeit von bis zu einer Minute zu nutzen und somit

Sterne klar und punktförmig darzustellen. Oftmals reicht für diesen Effekt allerdings auch schon eine Belichtungszeit von ca. 20 bis 30 Sekunden. Nutzen Sie hierfür auch einen hohen ISO-Wert und stellen Sie ihn so hoch ein, dass für Sie das dadurch entstehende Bildrauschen noch vertretbar ist. Für dieses Motiv bedarf es einer klaren Nacht und einem möglichst mondfreien Himmel, da er eine externe Lichtquelle wäre und das Bild verändern könnte. Sollte der Schein des Mondes nämlich zu hell sein, ist eine Langzeitbelichtung eher schwierig, da es zu Überbelichtung führen kann. Am besten eignet sich für das Fotografieren von Sternen ein Ort, der fern von Stadtkernen oder Ballungsräumen ist.

Wolken: Wolken sind ein tolles Motiv beim Fotografieren mit Langzeitbelichtungen. Durch die lange Belichtungsdauer fängt man die Bewegung der Wolken ein und auf dem Foto erscheinen die Wolken verwischt. Suchen Sie sich die für Sie schönsten Wolken aus. Es gibt eine Vielzahl an Wolkenarten und -formen. Mit einer Langzeitbelichtung wirken die sich bewegenden Wolken, als seien sie verwischt worden. Dennoch müssen Sie, wie so oft, auf einen tollen Moment warten und den richtigen Moment abpassen. Beobachten Sie die Wolken genau und Sie können sehen, wie unterschiedlich sie sein können, wie schnell oder langsam sie sich bewegen. Je langsamer sich die Wolken bewegen, desto länger müssen Sie die Belichtungszeit wählen, um den Wischeffekt in Ihrer Aufnahme zu erhalten. Interessante Farbgebung bietet auch hier die blaue Stunde, denn dann können Sie nicht nur den tiefblauen Himmel in Ihrer Aufnahme einfangen, sondern so können Wolken noch leicht von der Sonne angeleuchtet werden und ein toller farblicher Kontrast zum Himmel sein. Wie oft haben Sie schon die rosafarbenen Wolken gesehen, die es in jeglicher Form geben kann? Bewegen Sie sich dann noch leicht durch den Wind, was glauben Sie, wie toll das auf dem Foto wirkt, wenn Sie dieses Motiv lange belichten? Ein atmosphärisches Foto mit einzigartigen und starken farblichen Kontrasten.

Selbstporträt: Dieses Motiv gestaltet sich ganz einfach. Was Sie außer den technischen Einstellungen, der Ausrüstung und der Tageszeit dafür brauchen? Einzig und allein sich! Machen Sie sich selbst zum Hauptmotiv Ihrer Fotografie mit Langzeitbelichtung. Ein tolles Beispiel, bei dem Sie besonders herausstechen werden, ist für ein Selbstporträt eine viel befahrene Straße. Suchen Sie sich dafür, um sich selbst natürlich nicht in Gefahr zu bringen, eine Straße aus, in der sich in der Mitte ein Gehweg oder Bürgersteig befindet. Durch einen Fernauslöser wird Ihnen, wie Sie ja nun wissen, die Option geboten, nicht selbst den Auslöser für und während der Dauer der Aufnahme zu drücken oder gedrückt zu halten, sondern Sie können sich frei bewegen. Genau dies ist auch das Ziel bei einem Selbstporträt mit einer Langzeitbelichtung. Sie können sich, sobald Sie den Fernauslöser gedrückt haben, einfach im Bild positionieren, wo immer Sie auch möchten. Sie sind das Hauptmotiv!

Bleiben wir bei dem Beispiel mit der Straße und dem in der Mitte befindlichen Gehweg: Positionieren Sie sich also genau auf dem Bürgersteig, neben dem links und rechts Autos fahren. Wie Sie wissen, bilden die sich bewegenden Autos in der Aufnahme mit langer Belichtungszeit die farbigen Lichtstrahlen. Sie bilden gleichzeitig eine Art Umrandung des Motivs, also von Ihnen. Sie sollten sich während der gesamten Dauer der Belichtung natürlich nicht bewegen, damit Sie auf dem finalen Bild auch scharf zu erkennen sind. Ein weiterer Vorteil ist, dass Sie eine interessante farbliche Umrandung erhalten, denn meist ist es so, dass, je nachdem in welche Richtung Sie fotografieren, Sie entweder links oder rechts einmal die Vorderseite und einmal die Rückseite der Autos fotografieren. Sprich, Sie werden auf der einen Seite rote und auf der anderen Seite weiße Lightstreams haben. Würden Sie diese Aufnahme beispielsweise in New York am Times Square machen, hätten Sie zusätzlich ein Portfolio an bunten Lichtern, die Ihr Selbstporträt spektakulär aussehen ließen. Wer weiß, vielleicht sind Sie ja bald mal dort. :)

Fazit: Nun haben Sie eine Menge über das Fotografieren mit einer Langzeitbelichtung erfahren. Sie können nun mit Ihrem Wissen damit starten, sich auszuprobieren, tolle Motive zu suchen und selbst zu entscheiden, welches Motiv Sie wie fotografieren wollen. Werden Sie nun Ihr eigener Profi und probieren Sie aus, was das Zeug hält. Lassen Sie sich auf keinen Fall entmutigen, wenn Ihnen mal was nicht gelingt, wie Sie es sich aber vorher ausgemalt und vorgestellt haben. Wichtig ist:

Lernen Sie Ihre Kamera und deren technischen Einstellungen kennen, denn das ist schon die halbe Miete beim Fotografieren mit Langzeitbelichtung.

Entscheiden Sie sich auch nur für Motive, die Sie besonders interessieren, denn so verlieren Sie nie den Spaß daran. Probieren Sie sich aus und vor allem erfreuen Sie sich daran, was für tolle Aufnahmen eigentlich entstehen, und schon bald werden Sie nicht nur sich, sondern auch andere mit Ihren Bildern begeistern können. Hierzu noch ein tolles Zitat von Robert Bresson, der allerdings kein Fotograf war, sondern Filmregisseur und somit auch ein Auge für tolle Bilder und Szenen hatte: „Mache sichtbar, was vielleicht ohne dich nie wahrgenommen worden wäre".

Herstellung und Verlag:

BoD – Books on Demand, Norderstedt

ISBN: 9783756860289

1. Auflage

Kontakt: Psiana eCom UG/ Berumer Str. 44/ 26844 Jemgum

Covergestaltung: Fenna Larsson

Coverfoto: depositphotos.com

FSC
www.fsc.org

MIX

Papier aus ver-
antwortungsvollen
Quellen
Paper from
responsible sources

FSC® C105338